DE

L'ESPRIT D'INSURRECTION

AU

XIXe SIÈCLE

PAR

FERDINAND LAGLEIZE,

AUTEUR DE LA PAPAUTÉ, LE ROI VICTOR-EMMANUEL ET LA RÉVOLUTION.

PRIX : 1 FRANC.

PARIS

E. DENTU, LIBRAIRE-ÉDITEUR | DOUNIOL, LIBRAIRE-ÉDITEUR
Palais-Royal, 16 et 17, Galerie d'Orléans. | 29, rue de Tournon.

TROYES

DUFEY-ROBERT, LIBRAIRE-ÉDITEUR.

—

1864

TROYES, TYPOGRAPHIE ET LITHOGRAPHIE DUFOUR-BOUQUOT.

DE

L'ESPRIT D'INSURRECTION

AU

XIXe SIÈCLE

I.

L'autorité, puissance dirigeante ayant le droit de diriger, conséquemment légitime, existe-t-elle dans le monde?

Est-elle l'expression de la vérité?

Implique-t-elle l'association? exclut-elle l'individualisme?

Dans l'affirmative, l'autorité est-elle la loi de l'humanité, implique-t-elle la soumission de l'individu à la loi générale de l'humanité?

La loi de l'humanité implique-t-elle la nécessité d'une étude approfondie, spéciale, la nécessité d'un enseignement continuel, traditionnel, social, universel?

La loi régissant un tout social, un état social national, n'implique-t-elle pas la nécessité de la dévolution d'un pouvoir pour la faire respecter et exécuter?

Tout enseignement, tout pouvoir exécutif n'impliquent-ils pas une personnification de la loi, une personnification de l'autorité, une personnification conservatrice dirigeante?

A quelles conditions la personnification de l'autorité peut-elle être légitime?

Tels sont les problèmes fondamentaux qu'on est dans la nécessité de résoudre, si l'on veut apprécier sainement les événements, les faits moraux, sociaux, qui surgissent de toute part à notre époque.

II.

Pour aborder logiquement ces redoutables questions, il est nécessaire de se rendre un compte exact de ce qu'est une vérité, de rechercher si la vérité existe sur la terre, à quels signes on peut la reconnaître, par quels moyens on peut constater son existence.

Il est, nous ne dirons pas difficile, mais impossible de se rendre un compte complètement exact de la vérité, par la raison que les manifestations de nos appréciations, de nos convictions sont toujours altérées par l'élément d'incertitude, d'obscurité ou de passion dont les entourent les formes de notre esprit et de notre langage, mais il ne suit pas de cette imperfection de l'homme que la vérité n'existe pas.

Il suit de là, qu'une définition humaine sur la vérité n'est jamais présentée sous une forme claire, vive ; qu'une définition humaine n'en donne jamais la détermination exacte, qu'en un mot, les définitions de l'homme sur la vérité ne sont jamais parfaites.

Mal définir ou mal exprimer une vérité, c'est donner prise à la passion d'en tirer des conséquences fausses, basées sur des erreurs de définition ou d'expression.

La vérité ne peut être préservée de ces erreurs de l'humanité, résultats de son imperfection ; les vérités, ne fût-ce que parce qu'elles sont transmises de génération en génération par l'esprit humain susceptible de défaillances, ne peuvent nous arriver sans altérations, sans obscurités.

L'homme n'est pas infaillible !

Quelles choses donc peut-on considérer comme des vérités ?

Si on consulte l'opinion générale des hommes, on trouvera pour résultat de l'examen simple, purement sensé de cette opinion, que les vérités par excellence, celles placées en première ligne, à qui les hommes accordent la supériorité, la prééminence, sont les vérités qui se rattachent au développement spirituel de l'individu, au développement de l'humanité, les vérités gravées dans l'âme par le Créateur ;

Que les vérités qui se rattachent au développement matériel social sont placées en deuxième ligne ;

Que le développement de l'humanité est le but, et le développement matériel social le moyen ;

Conséquemment, que l'état social est fait pour aider au développement spirituel de l'individu, de l'humanité, et non l'individu pour être l'esclave de l'état social matériel.

De là , la distinction du spirituel et du temporel.

De là, la classification suivante :

Il y a deux sortes de vérités : des vérités positives, et des vérités relatives.

Les vérités positives sont d'ordre spirituel supérieur moral ; elles sont uniques, immuables, universelles ; ce sont des choses vraies dans tous les temps, dans tous les lieux, qui existent par elles-mêmes, indépendamment de la sanction de l'humanité, des vérités qui ont été gravées par la main du Créateur dans la conscience de l'homme, vérités que l'homme ne peut nier sans faire violence à sa conscience ;

Ce sont les vraies lois légitimes de l'humanité.

Les vérités relatives sont d'ordre social terrestre, elles dérivent des vérités positives ;

Ce sont les lois sociales des états.

Les lois relatives ne sont considérées comme des vérités, qu'autant qu'elles sont adoptées, sanctionnées par la majorité d'un tout social.

Les lois relatives, cependant, ne sont des lois légitimes, des vérités conséquemment qu'autant qu'elles sont déduites des lois positives, qu'autant qu'elles sont en rapport avec les lois positives, qu'autant qu'elles ne violent pas les lois positives.

Cette opinion générale, universelle, doit, par le seul fait de son universalité, être considérée comme une vérité positive, car un fait universel ne peut être le résultat de ce déluge d'idées diverses, éphémères, qui tombe sans cesse dans la tête des hommes ; il est le résultat d'un sentiment consciencieux de l'humanité entière, d'un sentiment indépendant de la volonté de l'homme.

Ces principes étant posés, recherchons quelles sont les vérités qui se rattachent au développement de l'individu, de l'humanité.

Nous rechercherons ensuite les vérités qui se rattachent au développement matériel social ; nous déterminerons les rapports qui existent entre les vérités qui produisent ces développements et l'influence que les premières doivent avoir et ont nécessairement sur les secondes.

III.

D'une part, l'homme reconnaît que la morale existe en lui indépendamment des idées religieuses ;

Il reconnaît que la distinction du bien et du mal moral, l'obligation de faire le bien et de fuir le mal sont des lois de la nature humaine;

D'autre part, l'homme reconnaît dans sa nature, dans sa destinée humaine, des problèmes qui se rattachent à un ordre de choses étranger au monde matériel;

Son âme en est invinciblement tourmentée; elle cherche continuellement, malgré elle, à les résoudre.

Pourquoi, en effet, l'homme serait-il invinciblement tourmenté du désir de résoudre des problèmes dont la solution est hors de ce monde, si la destinée humaine était purement de ce monde?

Pourquoi l'homme aurait-il la notion invincible du bien et du mal si sa destinée aboutissait au néant?

D'où viennent ces vérités, où mènent-elles?

Questions graves qui s'élèvent dans l'esprit humain malgré lui, faits généraux universels, conséquemment vérités positives.

Cette idée d'un ordre de choses étranger au monde visible, cette obligation de faire le bien et de fuir le mal qui subsistent par elles-mêmes, qui sont générales, universelles, sont-elles sans auteur, sans but? ne révèlent-elles pas à l'homme une origine, une destinée qui sont hors de ce monde?

Ne mènent-elles pas l'homme directement à un auteur tout-puissant, créateur, conséquemment à la religion?

Questions plus graves encore que l'homme se pose invinciblement, et qu'il lui est impossible de ne pas se poser;

Conséquemment, vérités positives, fondamentales;

Questions qui ont conduit l'homme dans tous les temps, dans tous les lieux, universellement, à la croyance en un Dieu créateur, à une révélation permanente, à une vie future dans un autre monde, à des biens inconnus, but noble et déterminant de l'humanité, sanction unique, logique de la morale;

Vérités positives, ou il n'y a pas de vérités dans le monde;

Lois positives de l'humanité, immuables, indéniables, contre lesquelles l'homme se met en révolte quelquefois, mais contre lesquelles il ne peut se révolter sans faire violence à sa conscience.

Ces vérités positives sont la base d'une loi supérieure à toutes les lois sociales : cette loi c'est le droit divin, c'est le droit de l'homme.

Partout, universellement, dans tous les temps, cette loi a été pratiquée.

Les incrédules, les sceptiques ne la nient pas, mais ils l'appellent la raison humaine.

Cette loi détermine la régle générale, universelle, en matière de morale, en matière de relations entre les hommes dans l'état social.

De ce qui précède, de cette loi, de cette règle découlent les conséquences suivantes, vérités indéniables :

Le développement matériel des hommes, la plus équitable distribution du bien-être matériel, l'amélioration, le progrès dans l'ordre social, sont subordonnés au développement de l'ordre spirituel, moral, religieux.

Sans ordre spirituel, moral, religieux, point d'ordre matériel social.

Sans autorité spirituelle, sans enseignement, sans gouvernement de la religion, point d'autorité temporelle, point d'enseignement, de gouvernement dans l'ordre matériel social.

Avec l'anarchie dans l'ordre spirituel moral religieux, l'anarchie ou le despotisme dans l'ordre matériel social.

Ces vérités sont la loi supérieure, le droit divin, la loi de l'humanité.

IV.

Nous voici arrivés sur un terrain où les hommes à systèmes philosophiques ont divagué depuis que la science a voulu tout expliquer par elle-même.

Pour arriver à connaître les vérités sociales, l'homme n'a que deux moyens, il doit choisir entre ces deux moyens : le principe général universel d'ordre divin, base de tout état social, ou le principe de sa raison personnelle.

La philosophie négative a voulu résoudre le problème par les sens, les sentiments et la raison ; c'était faire de l'individualisme, contre-sens négatif des sens, des sentiments de la raison, de la science ; contre-sens moral, spirituel, religieux ; contre-sens de l'homme intelligent menant l'homme directement dans les régions du doute.

Qu'est l'homme, en effet, depuis les premiers bégaiements jusqu'aux conceptions les plus sublimes de la science, s'il n'est l'œuvre des notions spirituelles, scientifiques, morales, religieuses, acquises dans le cours des siècles, recueillies et transmises de génération en génération par l'enseignement. Quel que soit son orgueil individuel, il n'est pas un homme qui osât émettre l'opinion que par lui seul, sans le secours de la tradition, des notions religieuses, scientifiques acquises de siècle en siècle, sans l'enseignement de ces notions acquises, il pourrait être sûr de ses sens, de sa conscience, de sa raison.

Depuis longtemps les hommes à systèmes de ce genre parlent beaucoup d'un droit naturel, d'un droit individuel.

Qu'est-ce qu'un droit naturel, un droit individuel au point de vue matériel de l'existence de l'homme sur la terre?

La loi supérieure, le droit divin impliquent, sanctionnent, imposent logiquement les droits et les devoirs moraux, sociaux, individuels, nationaux, internationaux, parce qu'au point de vue du droit divin, les hommes vivant en société, dans leurs relations ont des devoirs à remplir les uns envers les autres, parce que la morale sanctionnée par les sentiments, le but religieux, lui inspirent et lui imposent de faire le bien et d'éviter le mal, et que de ce devoir à remplir naissent des droits réciproques.

L'homme individuellement, ne tenant compte que de ses sens, de ses sentiments, de sa raison, est un insurgé contre toute loi fondamentale de tout état social, car tout état social implique, pour qu'il puisse exister, une raison commune générale légitime. L'individualisme est négatif de cette raison commune, donc l'individualisme est négatif de tout devoir à remplir vis-à-vis des autres hommes, donc, il n'a pas de droit naturel, car le droit implique des devoirs à remplir imposés;

Donc, logiquement, il n'y a pas de droit naturel individuel;

Donc, l'existence d'un droit implique un état social religieux, pratiquant et respectant la loi de Dieu;

Donc, le système d'un droit individuel naturel est en contradiction avec toutes les lois de la nature humaine.

Mais s'il n'existe ni droit individuel, ni vie individuelle, ni force d'action individuelle, il ne peut pas davantage exister une pensée individuelle, une conscience individuelle.

Effectivement, si on y regarde profondément, toute pensée de l'homme est le résultat de notions acquises par la tradition, par l'enseignement; sa pensée est sociale, et non individuelle.

L'homme né et vivant en dehors de la société, serait atteint de mutisme, d'idiotisme, en admettant que son existence fût possible en cet état.

D'où cette vérité indéniable :

Il y a une autorité qui est la loi des hommes, en matière d'ordre social.

Cette autorité, c'est l'universalité des croyances.

L'universalité des croyances est l'expression de cette loi.

Le résultat des croyances et des connaissances universelles, la saine et logique appréciation des croyances universelles, voilà la vérité, l'autorité, l'autorité légitime, fondamentale de tout état social.

Les vérités fondamentales sont immuables, elles peuvent bien se manifester diversement selon les temps, les lieux, selon les vicissitudes, l'état nomade ou de décadence de l'humanité, mais elles n'en existent pas moins immuables, et au fond, leur vérité apparaît dans la diversité des manifestations.

Les vérités sociales ne peuvent, dès lors, être que des vérités relatives, elles sont reliées par un lien indestructible à la loi supérieure.

C'est donc dans la loi supérieure qu'il faut rechercher le véritable double développement des hommes, le développement moral spirituel, le développement matériel social.

C'est donc dans l'universalité des croyances religieuses, qu'il faut rechercher la loi supérieure divine, base du double développement de l'homme, de tout état social.

V.

L'homme qui se livre à l'étude de la tradition, de l'histoire, découvre que l'humanité à toutes les époques, dans tous les lieux, dans toutes les situations, a cherché la solution du problème de son amélioration sociale matérielle, dans la pratique et le respect d'une loi supérieure, d'un droit divin.

Le principal fait qui frappe quand on se livre à l'étude des divers peuples ou peuplades de la terre, c'est la découverte dans la vie humaine, depuis la case du sauvage, jusqu'au palais luxueux du plus civilisé, de la domination d'un sentiment religieux qui tourmente invinciblement l'âme de l'homme et lui révèle une destinée qui se rattache à un ordre d'idées étranger au monde visible, à un développement spirituel supérieur au développement matériel social.

Ce sentiment, quoique très-divers dans sa manifestation, est en réalité unique.

Son unité se révèle dans le fait d'une soumission générale universelle à la loi supérieure, qui seule peut produire le développement spirituel supérieur.

Mais si on y regarde profondément, on y verra que ces manifestations ne sont pas seulement le résultat de ce sentiment religieux indomptable, mais encore le résultat d'une révélation primitive.

Toutes ces diverses manifestations ont, en effet, un air de famille qui prouve qu'elles se rattachent à une révélation qui, par une tradition se ressentant de la dispersion, des vicissitudes, de la vie nomade des peuples, a été diversement altérée, modifiée par les diverses passions humaines, résultats d'une existence tourmentée.

Si on étudie consciencieusement les diverses religions qui se sont produites dans le monde, on y découvre qu'elles ont toutes une origine unique, qui se rattache à une révélation primitive, directe d'un Dieu créateur au premier homme.

Depuis la case du plus sauvage, jusqu'au palais du plus civilisé, les élans d'imagination des hommes, le mouvement des âmes se reportent invariablement vers la croyance, non-seulement à une révélation primitive, mais à une manifestation révélatrice, permanente, de Dieu à l'homme.

Ces faits révélateurs d'une origine unique, fondamentale de toute religion, renferment un grand enseignement; on peut élever sur ces faits un grand nombre de questions.

Et d'abord, on ne peut ne pas se demander si cette croyance universelle à une révélation primitive, à une révélation transmise de siècle en siècle par la tradition est, par le seul fait de son universalité, de son unité, une vérité.

Quand un fait si grave, si étendu, si précieux se présente comme un fait général, universel, définitif, qu'on est accoutumé à considérer comme le principe, le résumé, l'expression de la vie entière de l'humanité, que doit-on en conclure logiquement?

On doit en conclure que le fait doit être vrai au fond, ou qu'il n'y a pas de vérité dans le monde.

On doit en conclure, au moins, que par un élan invincible l'âme humaine s'élevant à Dieu, à la connaissance du créateur, à une appréciation spirituelle, rationnelle d'un monde invisible, il y a révélation permanente, par ce seul fait, de Dieu à l'homme.

En présence de ces faits, l'homme qui ne se laisse pas dominer par les passions humaines, dont la raison n'est pas égarée, qui aura du respect pour les enseignements traditionnels de la famille, admettra la transmission d'une révélation primitive comme une vérité, surtout quand il reconnaît en même temps dans l'âme humaine un sentiment réel, invincible qui l'élève à Dieu.

L'homme logique, respectueux, admettra la révélation transmise, comme une vérité, comme la base de sa religion, plutôt que de se jeter en aveugle, sans raison, dans ce déisme vague, incertain, qui crée dans le ciel un Dieu inutile, inerte, qui ne demande rien aux hommes, et ne se manifeste à eux d'aucune façon.

Si à ce fait universel, unique d'une croyance à la révélation, l'homme trouvait à opposer un fait unique, universel, contradictoire, on comprendrait alors qu'il pût tomber dans le doute en se rattachant exclusivement au déisme vague, incertain; mais il résulte de l'histoire générale que l'humanité, malgré sa dispersion, ses vicissitudes, sa vie errante, les modifications diverses suivant les latitudes, de ses mœurs, de ses habitudes, malgré ses dégénérescences, ses abrutissements, a appartenu dans tous les temps, dans tous les lieux, à une croyance qui n'a pu en souffrir aucune autre.

Jamais, en effet, le principe religieux, basé sur la révélation, n'a voulu admettre à côté de lui la manifestation d'un principe différent.

Quand un fait de manifestation de principe différent s'est présenté, même isolé, dans tous les temps, dans tous les lieux, il a été repoussé, honni par tous les peuples.

Le fait de cette croyance universelle, exclusive, prouve logiquement, d'une manière propre à satisfaire la raison, qu'il y a eu une révélation primitive.

En vain on dira que les sentiments religieux ont été divers dans leurs manifestations, cette diversité s'explique par la diversité des situations sociales, que la dispersion, l'état errant de l'humanité ont produites.

Le fait de la croyance à une révélation n'en reste pas moins unique, universel, et conséquemment une vérité immuable.

Il y a des hommes qui tentent continuellement de déduire de cette diversité des manifestations de la croyance à une révélation, une conséquence négative de la révélation même; mais sur quels arguments basent-ils leur système négatif ?

Sur des arguments philosophiques, entachés d'individualisme, propres à conduire l'esprit dans les domaines du doute où il va s'anéantir avec sa pensée.

Les philosophes individualistes ont voulu tout expliquer sans la révélation, sans la manifestation de Dieu à l'homme, sans les facultés de l'âme humaine qui la font s'élever malgré elle à Dieu.

Sans ce sentiment invincible, religieux que Dieu a gravé dans l'âme de l'homme, et qui constitue une révélation permanente de Dieu à l'homme, ils n'ont pu mettre au jour que des systèmes hypothétiques sans base, et qui n'ont abouti qu'à révéler l'impuissance de ces penseurs.

Les Manichéens inventent deux principes immortels qui se combattent continuellement et se combattront *in æternum*, vainqueurs et vaincus tour à tour.

Les sages de la Grèce découvrent que la morale existe indépendamment de tout sentiment religieux, et la morale les amène à reconnaître l'existence d'un être suprême, dont ils ne peuvent définir les attributs.

Leibnitz transfigure tout.

Descartes, sortant de la logique, divague dans ses tourbillons.

Montaigne cherche son âme, et ne parvient pas à la trouver.

Pascal approfondit tout, et finit par se croire un visionnaire.

Spinosa se fatigue à prouver philosophiquement que Dieu existe.

Loke, dans les brouillards de Londres, découvre que l'homme n'est qu'une machine, pour lui la vie n'est que le jeu des organes (Rabelais l'a dit avant lui).

Kant voit le vide partout et conclut au néant.

Rousseau, dont le cerveau fut un foyer de contradictions, conclut à Dieu et à la liberté morale dans l'*Emile*, et au panthéisme dans son *Contrat social*, qui crée un état absolu, un état despotique qui réduit l'homme à l'état de chose publique, de membre d'un tout; il termine en proclamant le spectacle hideux d'une religion civile annihilant l'homme dans sa liberté, en le livrant à toutes les défaillances.

Voltaire massacre tout et conclut au scepticisme.

Et de nos jours l'orgueilleux Renan, ce triste plagiaire de Strauss, dont les écrits pervers, dégradants, sont un objet d'humiliation, de honte pour la France chrétienne, dans sa *Vie de Jésus*, où sa plume panthéiste et hypocrite a joué le rôle des vils mercenaires qui, traînant le Christ au Golgotha, lui jetèrent sur les épaules une pourpre dérisoire, sur la tête une couronne d'épines en lui crachant au visage, jugeant « *que l'homme ne fut religieux que dès qu'il se distingua de l'animal* (1) ; *que l'humanité est un assemblage d'êtres bas supérieurs à l'animal, en cela seul que leur égoïsme est plus réfléchi* (2) ; » énonçant audacieusement cette opinion, que les lois de la physique limitent la puissance de Dieu; niant la naissance du Christ à Bethléem, en appuyant son opinion sur ce seul fait que le Christ était appelé Nazaréen, dans le but de nier par suite la divinité du Christ, l'audacieux Renan, disons-nous, a conclu à la nature purement animale de l'homme dès le principe, à la distinction entre l'homme et l'animal par un égoïsme plus ou moins réfléchi, au fatalisme corrigé par la philosophie, avec un Dieu idéal, une religion idéale, une religion philosophi-

(1) Vie de Jésus, p. 2.
(2) *Ibid.*, p. 457.

que, voile grossier cachant les allures d'un panthéisme immoral et dégradant.

Voilà ce que la science philosophique individualiste a su
produire.

Ses derniers mots sont doute, panthéisme, matérialisme.

Insensés, qui n'ont pas vu que l'orgueil scientifique humain
devait se heurter et se briser devant la mystérieuse grandeur,
la toute-puissance de l'Être suprême; qui n'ont pas compris
que cette grandeur, que cette puissance se révèlent d'une manière permanente de toutes les façons dans le monde, mais
mystérieusement dans le but d'en laisser les desseins et les effets impénétrables!

Sophistes, qui n'ont pas compris que si l'homme pouvait expliquer Dieu, pénétrer ses desseins, il serait aussi intelligent,
aussi puissant que Dieu lui-même!

Créatures sans respect, sans foi ni loi, ne croyant qu'en elles-
mêmes, bornant l'intelligence humaine au degré de leur intelligence orgueilleuse; qui ont proclamé la déchéance de Dieu
parce qu'elles ne pouvaient ni pénétrer ses desseins, ni l'expliquer, par les motifs de leur impuissance à pénétrer les mystères
du ciel; qui ont hurlé les mots doute, scepticisme et néant, parce
qu'elles n'ont pas d'yeux pour voir et d'oreilles pour entendre!

Aveugles, qui n'ont point vu que depuis le grain de sable jusqu'aux astres lumineux du firmament, l'existence, la grandeur,
la toute-puissance d'un Dieu créateur s'y trouvent écrites en
lettres ineffaçables!

Orgueilleux, qui n'ont point vu dans la chaîne des êtres, depuis le ciron jusqu'à l'homme, la révélation permanente d'un
Dieu créateur. Licencieux, dont les passions matérialistes étouf-
fent l'élan religieux invincible de leur âme!

Quand donc il ressort de l'histoire générale que l'humanité
entière, dans tous les temps, dans tous les lieux, malgré l'influence de sa dispersion, de sa vie errante, de ses décadences,
de ses abrutissements, a basé ses diverses religions sur une
révélation primitive, sur la révélation permanente, sur les
élans invincibles de l'âme humaine vers une destinée supérieure, sur les facultés de l'âme qui la font s'élever malgré elle
à un Dieu créateur; que ce fait a été et est encore universel;
qu'il a toujours possédé la vie des peuples; qu'au contraire, il
ressort de l'histoire que les systèmes créés par le philosophisme négatif ont été divers, n'ont pu ni se généraliser, ni
posséder une partie appréciable de la vie des peuples, ni même
se vulgariser; que ces systèmes ne sont connus que par des
hommes qui ont fait des études un peu étendues; que les

hommes ne se sont livrés à l'étude de la philosophie négative qu'en vue de connaître tous les divers travaux spéculatifs de l'esprit humain, nous le demandons à tout homme qui ne fait pas violence à sa conscience, des faits restreints à évoluer comme ces systèmes philosophiques dans un cercle si petit; des faits qui restent à peine empreints dans les esprits qui les ont étudiés, où ils dorment comme un cadavre dans un tombeau, d'où ils ne sont exhumés que lorsque les passions humaines viennent les y réveiller; des faits sans base logiquement probable, peuvent-ils être raisonnablement, consciencieusement opposés à des faits généraux, universels, concordants, considérés comme vrais et transmis comme tels de génération en génération depuis la création du monde, par l'humanité entière?

Indubitablement, l'homme dont la raison ne sera pas déviée, dont la conscience ne sera pas étranglée par les passions humaines, reconnaîtra, proclamera la supériorité du fait général universel sur des faits isolés, pour ainsi dire à peine connus, d'une très-faible portion de l'humanité.

La croyance à une principale révélation primitive, à de grandes révélations périodiques, à une révélation permanente est un fait qu'il est difficile de traduire, d'interpréter, de comprendre d'une manière parfaite, il est mal aisé de le présenter sous des formes claires, vives, mais il n'en est pas moins un fait généralement, universellement adopté par tous les peuples.

Cette adoption générale universelle, doit faire admettre la révélation comme une vérité positive.

Si, en effet, la vérité ne doit pas être trouvée dans ce fait universellement adopté, où donc est la vérité? Nul homme ne peut le dire.

Il faut donc de deux choses l'une, ou admettre ce fait comme une vérité positive, immuable, ou renoncer à toute vérité.

Il faut croire à cette vérité, ou se jeter tête baissée dans l'individualisme et le doute qui conduisent directement au néant, au matérialisme.

VII.

Dieu s'est révélé à l'homme primitivement, c'est une vérité qu'on ne peut nier, une vérité positive.

Une révélation de Dieu à l'homme ne peut être qu'une, comme Dieu est un.

Conséquemment, les manifestations diverses de cette vérité,

résultats de l'imperfection des hommes, doivent être ramenées à l'unité.

Pour ramener les diverses manifestations de cette vérité à l'unité, il faut faire une appréciation saine de la tradition.

La tradition est également un fait très-complexe, difficile à décrire, à raconter, elle a été dans ses manifestations aussi diverse que les religions, aussi diverse que la dispersion des hommes sur la surface de la terre ; mais on remarque dans sa diversité une origine unique.

Or, si la tradition a une origine unique, si c'est un fait général universel, pour ramener à l'unité ses diverses manifestations, il n'y a qu'un moyen, c'est celui de prendre dans les diverses manifestations religieuses, la tradition la plus rationnelle, celle qui se rapproche le plus de la grandeur, de la toute-puissance d'un Dieu unique, de la vérité.

Si on étudie profondément les diverses manifestations traditionnelles, on est invinciblement amené à reconnaître que la Bible renferme la manifestation la plus rationnelle, celle qui se rapproche le plus de la grandeur de Dieu ; on est encore amené à remarquer que toutes les diverses manifestations traditionnelles peuvent être ramenées à la manifestation biblique, à remarquer que toutes les manifestations, mêmes les plus absurdes, ont un air de famille qui les font reconnaître pour filles naturelles égarées de la manifestation biblique.

Le Christ annoncé par la Bible vient consacrer la révélation et la tradition bibliques.

Le Christ est la deuxième grande révélation directe de Dieu à l'homme.

L'apostolat institué par le Christ est devenu le dépositaire de la tradition.

La tradition apostolique est une œuvre sublime, parfaite.

L'impossibilité de rien ajouter, de rien distraire des préceptes du Christ, est une vérité reconnue même par les sceptiques.

Le plus sceptique des philosophes a dit, en faisant une appréciation des préceptes du Christ : *Si Jésus-Christ n'était pas Dieu, il méritait de l'être.*

L'apostolat nous a transmis de siècle en siècle la révélation par le Nouveau-Testament, qui renferme un résumé de la tradition depuis la création du monde, l'explication des lois divines bibliques et les préceptes moraux qui en découlent. L'église apostolique fondée par le Christ est devenue universelle comme la révélation, comme toute vérité ; elle est fondée sur la révélation, sur la tradition écrite, inspirée, sur l'écriture biblique, confirmée, consacrée comme une vérité par l'avènement du Christ, par la fondation de l'Eglise, par l'universalité de l'Eglise apostolique.

Toute science est une connaissance réfléchie, rationnelle de la vérité.

Toute science fait arriver l'esprit humain directement, invinciblement à Dieu, à une religion.

Toute religion est basée sur la science, sur la révélation, sur la tradition, sur des croyances universelles, sur la morale, sur un sentiment religieux invincible.

Donc, toute religion est plus qu'une science.

La religion apostolique est la religion la plus rationnelle, l'unique religion susceptible de ramener toutes les croyances à l'unité; la religion la plus conforme à la grandeur, à la toute-puissance d'un Dieu créateur; la plus conforme au principe de la révélation, principe universellement adopté; la plus morale, celle qui satisfait le mieux et la raison et le sentiment religieux invincible de l'homme.

La religion apostolique est donc supérieure à toutes spéculations de l'esprit humain, à toutes les religions, à toutes les sciences; elle est donc la vérité, ou il n'y a pas de vérité dans le monde; c'est donc dans la religion apostolique qu'on peut uniquement trouver les grandes, les véritables lois de l'humanité, les lois supérieures, le véritable développement moral de l'humanité; c'est donc de la religion apostolique qu'un peuple qui connaît cette religion doit déduire les lois relatives qui, seules, peuvent produire le véritable, le légitime développement matériel social;

C'est donc uniquement dans la religion apostolique que l'homme intelligent qui a étudié l'histoire générale des peuples, au point de vue religieux, peut trouver les lois fondamentales du double développement de l'homme, du développement spirituel moral, et du développement matériel social.

Le développement social matériel n'est donc légitime qu'à la condition de respecter la religion apostolique.

VIII.

On peut élever sur cette conclusion l'objection suivante : il n'est pas possible d'admettre que la religion apostolique puisse ramener toutes les religions à l'unité, puisque divers schismes se sont produits dans le sein de la religion apostolique elle-même.

Il est bien plus impossible alors d'en déduire des vérités relatives sociales.

Il y a, en effet, des hommes qui manifestent la pensée que la religion ne peut être qu'un rapport purement individuel de l'homme à Dieu ; que quand ce rapport perd ce caractère, que quand une personnification d'autorité veut s'interposer entre l'individu et Dieu, la religion est altérée par ce fait dans ses principes et la société est en péril.

C'est de cette pensée que sont nées les doctrines de l'individualisme, du protestantisme ; les doctrines qui consistent à réduire la religion au sentiment religieux individuel, vague, incertain, flottant, quoique réel, qui ne peut s'accommoder d'aucun système de préceptes, de pratiques, de formes, en un mot répulsif de toute société, de toute tradition, de tout enseignement, de tout gouvernement religieux, de tout état social ; c'est, enfin, de cette pensée qu'est né l'esprit d'insurrection contre toute autorité légitime, d'où ce déluge d'idées insurrectionnelles, passionnelles, matérialistes, qui affligent l'humanité ; d'où toutes ces tentatives illégitimes d'entraîner l'humanité dans la transgression de la loi divine ; d'où tous les faits insurrectionnels qui font gémir l'humanité et déterminent la perturbation dans le développement matériel social, comme dans le développement spirituel moral religieux ; d'où, enfin, le matérialisme dans toute sa brutalité.

Professer de telles doctrines, c'est méconnaître l'expression complète de la nature religieuse de l'homme ; c'est méconnaître la destinée de l'humanité ; c'est méconnaître les principes fondamentaux de toute société ; c'est nier la société elle-même.

Or, une objection ayant pour base la doctrine de l'individualisme, est sans valeur en matière d'état social, par la seule raison que cette doctrine est négative de toute société.

L'individualisme et le protestantisme sont, en effet, des antithèses d'association, d'autorité, ils sont générateurs de l'anarchie par leur nature même.

Les hommes universellement, même ceux qui professent les doctrines de l'individualisme, du protestantisme en matière de sentiments religieux, croient cependant à la nécessité de leur existence en société pour leur développement matériel.

Les hommes, dans l'intérêt de leur développement matériel social, étudient toutes les sciences, font appel à toutes les traditions scientifiques, demandent et acceptent l'autorité des grands hommes, se donnent des pouvoirs, des personnifications d'autorité temporelle pour organiser, modifier, régir, administrer, légaliser les états sociaux.

Mais si les hommes en général, et les doctrinaires de l'individualisme et du protestantisme en particulier, reconnaissent la nécessité de ces moyens de développement matériel social, pourquoi ces derniers (étrange contradiction) nient-ils la nécessité de recourir aux mêmes moyens pour arriver à une plus grande perfection dans le développement moral spirituel religieux, qui doit les conduire vers leur destinée supérieure?

Est-ce qu'ils auraient sérieusement la pensée que les hommes doivent être religieux individuellement?

Qu'en matière de religion il ne doit pas y avoir de sentiments communs, de pensées communes? est-ce qu'ils penseraient que les sentiments religieux sont exclusifs de toute association pour trouver la vérité?

Est-ce qu'ils croiraient qu'il est inutile de compulser les écrits traditionnels sur cette matière, d'en enseigner le fond, l'esprit et le sens aux hommes qui n'ont pas eu le temps de se livrer à cette étude?

Est-ce qu'ils nieraient que les lois de Dieu, les préceptes religieux les plus clairs peuvent être très-souvent mal interprétés par les hommes même très-instruits, absolument comme les lois civiles sont souvent mal interprétées par d'habiles jurisconsultes et d'habiles juges?

Est-ce qu'ils croiraient que sans l'enseignement continuel en général, les hommes peuvent connaître les lois et les préceptes divins et les bien interpréter, lorsqu'ils ont la conviction qu'ils ne connaissent même pas les lois civiles, et qu'ils ont besoin d'une fourmillière de jurisconsultes et de juges pour les interpréter?

En vérité, s'ils avaient de telles pensées, il faudrait convenir que l'espèce humaine, quand les passions la dominent, est bien pauvre d'esprit!!!

Comment, les hommes ayant des connaissances très-étendues, les hommes de lettres, les hommes de sciences, les hommes de génie se voient dans la nécessité de recourir à une académie pour conserver leur langue nationale pure, à des jurisconsultes pour l'interprétation des lois civiles, et ces mêmes hommes diraient, écriraient avec un aplomb superbe, imperturbable qui ne pourrait que les rendre ridicules, que les lois divines n'ont pas besoin d'être conservées, d'être enseignées, d'être interprétées, qu'il est dangereux qu'une autorité, qu'un docteur ès-sciences religieuses s'interpose entre l'homme et Dieu, en donnant l'interprétation, en enseignant l'interprétation des lois divines, en tentant de les faire entrer dans les esprits par l'unique voie de la persuasion!

En vérité, si cette prétention n'est pas la négation de la société, si elle ne tend pas à l'anarchie en matière religieuse comme en matière sociale, l'ordre religieux, l'ordre social, l'anarchie sont des états qu'on ne peut ni connaître, ni déterminer, ni définir!

Que contrairement aux faits universels, aux vérités positives absolues, des hommes à caractère insociable, tels qu'un Renan, proclament l'individualisme religieux, le protestantisme et l'insurrection contre toute autorité; que des panthéistes proclament que l'état social doit créer la religion et non l'état social être basé sur les principes religieux, sur les lois divines, dans ce siècle de perturbation morale, cela ne nous étonne pas; mais ces faits ne sont et ne peuvent être que des faits excentriques, isolés, aussi changeants, aussi divers que la perturbation même; des faits qui vivent ce que vivent les systèmes philosophiques et de la même vie, ce que vivent les systèmes insurrectionnels; jamais ils ne deviendront des faits universels, jamais ils ne seront acceptés, adoptés par la généralité des hommes qui raisonnent;

Jamais ils ne posséderont une partie appréciable de la vie des hommes, par la raison d'une part, que l'individualisme et le protestantisme sont anti-unitaires; d'autre part, qu'ils conduisent au scepticisme, au matérialisme; et, enfin, parce qu'ils révèlent un état maladif, une monomanie de l'esprit humain; qu'en somme, l'individualisme et le protestantisme étant de leur nature même insociables, sont impossibles dans un monde où les hommes sont convaincus de la nécessité d'un état social pour leur double développement dans l'ordre moral divin, et dans l'ordre matériel social.

Mais, répondra-t-on : le protestantisme s'est beaucoup propagé dans le monde, et il tend à devenir universel comme le catholicisme. Distinguons : il y a une différence énorme entre les églises schismatiques et le protestantisme.

Le protestantisme a vécu, vivra, s'est propagé, se propagera, en suivant toutes les phases et en faisant toutes les évolutions que suivent et font toutes les insurrections.

Si les églises schismatiques étaient restées le protestantisme dans toute l'acception du mot, depuis longtemps ces églises n'existeraient plus; mais les églises schismatiques, comme toutes les insurrections, après avoir nié le principe d'autorité, après s'être insurgées contre l'autorité légitime, virent apparaître dans leur sein des hommes qui, les voyant tomber en plein dans le chaos anarchique, résultat de toute insurrection contre l'autorité légitime, tentèrent de reconstituer révolutionnairement une autorité.

L'autorité spirituelle légitime contestée, condamnée par le protestantisme, fut rétablie révolutionnairement, illégitimement par les religionnaires eux-mêmes.

L'autorité illégitime révolutionnaire dans l'ordre religieux, est ce qu'est l'autorité illégitime dans l'ordre social : la dictature, le despotisme.

Par l'acceptation de la dictature et du despotisme, l'insurrection religieuse de Luther n'est plus le protestantisme.

L'insurrection religieuse a fait un grand pas rétrograde dans la voie insurrectionnelle ; l'insurrection religieuse a fait un grand pas de retour vers l'autorité légitime contre laquelle elle s'était insurgée ; l'insurrection religieuse est entrée dans la phase temporaire qui termine toujours toute insurrection par la restauration de l'autorité légitime. Voilà ce qui a sauvé et fait vivre jusqu'à ce jour l'insurrection religieuse, les sectes schismatiques.

Les églises prétendues réformées sont aujourd'hui dans la même situation que l'Eglise grecque.

Au fond, le protestantisme dans toute l'acception du mot n'existe plus dans les églises prétendues réformées, pas plus que dans l'Eglise schismatique grecque.

La rancune, l'amour-propre, les passions politiques, le despotisme font maintenir ces schismes en la forme, au fond ils ont une tendance à redevenir orthodoxes ; et, d'une part, la raison, les principes religieux, de l'autre, l'audace du philosophisme les forcent à entrer dans cette voie.

Le schisme, par l'acceptation d'une autorité dictatoriale, despotique, ne professe plus le principe de l'individualisme religieux, la doctrine de l'insurrection contre l'autorité légitime, et quoique l'autorité à laquelle il obéit soit illégitime, le schisme est redevenu social, mais à l'état servile.

Que les sectes schismatiques sortent de cette voie fausse et servile et elles rentrent dans la voie orthodoxe ; qu'elles se rejettent dans la voie du protestantisme et elles aboutiront au chaos anarchique de l'individualisme, du philosophisme.

Voilà la véritable situation des schismatiques.

Peut-on dès-lors voir dans le protestantisme un fait tendant à l'unité, à l'universalité ? Evidemment non.

Donc, jamais le protestantisme ne pourra être considéré comme une vérité, ni être mis en parallèle avec la véritable Eglise apostolique, fait qui tend à l'unité, à l'universalisation, qui a déjà atteint l'universalisation ; fait basé lui-même sur un fait universel, la révélation ; fait qui renferme le plus puissant et le plus fécond principe d'association.

Il y a une différence énorme entre le fait qu'on est accoutumé à appeler la réforme des abus de l'Eglise apostolique et le fait du protestantisme ; entre les premières idées de réforme d'Erasme et de Luther, et l'acte de Luther brûlant les bulles du pape Léon X à Wittenberg.

L'idée de réformer des abus qui peuvent exister dans l'enseignement, le gouvernement religieux, ne peut être considérée comme une insurrection contre l'autorité légitime religieuse ; elle peut être une erreur, mais non le protestantisme.

Mais l'idée de s'affranchir de toute autorité religieuse légitime, l'idée de déclarer la pensée humaine affranchie de tout enseignement religieux, de toute autorité traditionnelle dogmatique conservée, transmise, interprétée, traduite par un gouvernement religieux, est un de ces actes insurrectionnels, anarchiques qu'on appelle en matière religieuse non un schisme, mais le protestantisme.

L'idée d'une réforme peut être morale, orthodoxe ; la voie de la réforme peut conduire à une amélioration du gouvernement de l'enseignement religieux, de l'exercice de l'autorité religieuse ; mais le protestantisme ne peut être ni moral, ni orthodoxe ; la voie du protestantisme mène invinciblement à la diffusion religieuse, elle peut mener à l'athéisme ; elle mène indubitablement à la diversité des sectes ; le protestantisme est, dans tous les cas, anti-unitaire, anti-social par sa nature même ; le protestantisme, c'est l'insociabilité, c'est l'insurrection contre le principe puissant et fécond d'association pour découvrir les vérités religieuses, c'est l'individualisme empreint d'égoïsme brutal.

La religion apparaît à l'homme sensé non pas comme un fait purement individuel, mais comme un principe puissant et fécond d'association, comme l'unique principe vrai d'association.

Si on consulte la tradition, l'histoire générale des peuples, on découvre que partout, dans tous les temps universellement, les préceptes religieux ont servi de base, de fondement à l'organisation, aux institutions, aux lois des états sociaux.

Qu'induire de ce fait général, universel, si ce n'est que le droit divin, les préceptes religieux sont éminemment sociaux ?

Dans tous les temps, en tous lieux, les états sociaux sont nés des éléments essentiels religieux, et jamais, nulle part, un état social n'a créé une religion ; d'où la conséquence logique que le sentiment religieux qui possède l'homme indépendamment de sa volonté, est l'unique principe fondamental de tout état social ;

D'où, par suite, la conséquence que toute idée, tout acte insurrectionnel contre l'autorité légitime religieuse sont des faits subversifs de l'ordre social, des faits anti-sociaux.

Des éléments vrais, de la véritable essence de la religion apostolique sont nées la société religieuse universelle d'abord, et l'amélioration la plus normale des états sociaux nationaux.

C'est en effet l'Eglise apostolique, on ne peut le nier, qui a fait disparaître du monde l'état de barbarie dans lequel était tombée l'humanité par suite des sentiments divers religieux et sociaux, résultats de l'altération de la révélation primitive.

Le mot qui exprime le sentiment social le plus énergique, le besoin le plus impérieux de propager les idées sociales, d'étendre une société, de l'universaliser, de la ramener à l'unité, c'est le mot prosélytisme.

Le catholicisme est la seule religion qui ait généralisé, universalisé le prosélytisme, la propagation de la foi.

Le prosélytisme catholique a porté, et porte sans cesse la parole du Christ partout, en tous lieux dans le monde entier, et en tous lieux le catholicisme compte des adeptes, des fidèles.

Dans tous les temps, en tous lieux, depuis le dernier soupir du Sauveur au Golgotha, les disciples du Christ ont bravé les fatigues, les privations, les dangers, les tortures et la mort pour propager la foi catholique.

Ni fatigues, ni dangers, ni privations, ni prisons, ni tortures, ni martyres de toutes sortes n'ont pu abattre les sentiments de prosélytisme, que seule la religion apostolique catholique a su faire naître dans les cœurs des croyants.

Pourquoi?

C'est qu'il y a dans la religion apostolique catholique quelque chose de supérieur qui ne se trouve pas dans toute autre religion, pas même dans le christianisme schismatique; ce quelque chose, c'est la foi que Dieu donne à l'homme de bonne volonté, à l'homme qui sait maîtriser ses passions d'insurrection contre les lois divines, les vérités divines, à l'homme qui laisse son âme s'élever à Dieu par la voie qu'une révélation permanente lui offre, et non par la voie philosophique, scientifique, individuelle, la voie de l'orgueil humain;

C'est qu'il y a dans l'esprit du catholicisme quelque chose d'éminemment divin, d'éminemment sociable, d'éminemment sympathique qui donne une énergie et fait naître une abnégation qu'on ne trouve nulle autre part;

C'est que la vérité religieuse seule peut produire un sentiment aussi universel, aussi prodigieux;

C'est que la religion apostolique catholique est la vraie religion.

Ainsi ramenée à ses vrais éléments, à son essence, la religion apostolique catholique apparaît comme le plus puissant, le plus grand principe d'association, comme l'expression de vérités immuables, positives, fondamentales de l'ordre divin et de l'ordre social.

C'est donc dans la religion apostolique catholique qu'on peut trouver, et qu'on trouve réellement l'autorité légitime, la puissance dirigeante ayant le droit de diriger, la vraie loi de l'humanité, le droit divin, le vrai double développement de l'humanité, le développement spirituel moral, et le développement matériel social.

IX.

Trois préceptes du Christ renferment l'expression complète à peu près, de la loi supérieure de l'humanité.

Ces préceptes sont :

Rendez à Dieu ce qui est à Dieu.

Ne faites pas à autrui ce que vous ne voudriez pas qu'il vous fût fait. Faites à autrui ce que vous voudriez qu'il vous fût fait.

Rendez à César ce qui appartient à César.

Ces trois préceptes renferment si vrai la loi de l'humanité, le vrai droit divin, la vraie base du double développement de l'humanité, que tous les peuples en tous temps, dans tous les lieux, l'ont pratiquée bien ou mal, mais l'ont acclamée, pratiquée, considérée comme l'autorité en matière d'ordre moral et social;

Les uns, païens ou idolâtres, sans s'en rendre un compte exact; d'autres, sceptiques, en l'appelant la loi de la raison humaine ; les vrais croyants en l'appelant la loi de Dieu ; et tous indistinctement, l'ont acclamée et pratiquée, parce qu'ils l'ont sentie gravée dans leur conscience d'une manière ineffaçable, parce que, invinciblement, leur conscience la leur rappelait sans cesse.

Cette loi existe donc indépendamment de la volonté de l'homme, quelles que soient ses idées religieuses; c'est donc une vérité absolue, positive.

L'homme doit à son créateur, à l'Etre suprême, de l'adoration, de l'amour, de la soumission, un culte.

Le deuxième précepte est l'expression, en quelques mots, de la morale générale universelle, de la morale qui mène l'homme à Dieu et est, en même temps, la loi légitime unique, qui a le droit de régir les relations des hommes dans un état social; la morale, cette loi de l'humanité dont l'existence est reconnue par tous les hommes, même indépendamment de leurs idées religieuses, dont l'existence est reconnue même par les sceptiques et les matérialistes; la morale, dont l'existence est reconnue par l'humanité entière.

C'est la grande loi sociale gravée par Dieu dans la conscience humaine; la grande loi imposée par le Créateur à la créature.

Si les hommes étaient assez moraux pour pratiquer ce divin précepte, le troisième précepte deviendrait inutile.

La pratique du deuxième précepte par les hommes sans exception, ferait disparaître toutes les luttes, toutes les passions, toutes les tyrannies, tous les despotismes, tous les crimes qui se produisent sur la terre.

Les droits de César, dès lors, n'auraient aucune raison d'être.

Qu'est-ce, en effet, que les droits de César?

Le Christ, en parlant des droits de César, a entendu parler des droits des peuples, car César n'est que la personnification de la volonté générale d'un peuple; César, à un autre point de vue, n'est qu'un simple mortel.

C'est l'esprit et non la lettre qui fait la loi.

Dieu seul est souverain.

Les peuples sont souverains relativement.

Les Césars ne sont que la personnification de la souveraineté relative des peuples.

La souveraineté relative des peuples et des Césars n'existe qu'à la condition d'être en rapport direct, relatif, rationnel, moral, soumis à la loi souveraine de l'Être suprême, seul souverain.

Dieu a créé l'humanité, il n'a pas créé des nations; la division de l'humanité en nations ou peuplades distinctes, est le résultat de la dispersion et des passions des hommes, de la diversité des manifestations religieuses.

La souveraineté relative des peuples et des Césars n'a une raison d'être qu'alors qu'existe l'esprit d'insurrection parmi les hommes contre la loi de l'humanité, conséquence des passions humaines.

Cette souveraineté des peuples et des Césars n'est qu'une autorité relative, née de la nécessité, dans l'intérêt de l'humanité, dans l'intérêt national, de contenir, de réprimer l'esprit passionnel d'insurrection contre la loi supérieure; esprit d'insurrection qui s'est manifesté dans la société à toutes les époques, et résultat de l'inégalité des hommes en intelligence, en génie, en facültés, en force, en développement physique ; esprit maladif, résultat des vices sociaux des grands centres de population ;

D'où cette conclusion logique :

Le développement moral, spirituel, religieux de l'homme, est complètement indépendant du développement matériel social, complètement indépendant de tout ce qui se rattache à ce deuxième développement, supérieur à tout intérêt matériel.

Le développement matériel social, au contraire, est complètement dépendant du développement moral, spirituel, religieux.

C'est en raison du développement moral, religieux, que l'état social progresse et s'améliore; c'est en raison des idées, des sentiments, des dispositions morales, spirituelles, religieuses de l'homme que le monde se règle et marche ; c'est de l'état intérieur de l'homme que dépend l'ordre social matériel.

Or, le développement moral, spirituel de l'homme est subordonné au respect de la loi de Dieu, du droit divin ;

Donc, par relation forcée, le développement matériel est subordonné au respect de la loi de Dieu.

L'autorité spirituelle, morale, religieuse, positive, absolue, est à l'autorité relative temporelle sociale, ce que Dieu est à la création ;

Ou, en d'autres termes, les deux autorités sont ce qu'est le dogme primordial, le dogme un, embrassant, dans son unité complexe, Dieu et la création distincte de Dieu, mais unie à Dieu par un lien indestructible.

La loi de Dieu est une, embrassant dans son unité complexe l'autorité spirituelle, morale, religieuse, positive, absolue, universelle, et l'autorité relative temporelle, distincte de la première, mais indissolublement, invinciblement unie à la première, n'en étant que le dérivé, ayant trois relations distinctes, l'une à Dieu, au droit divin, l'autre aux droits de la société universelle, aux droits de l'humanité, et, enfin, sa relation spéciale aux droits et aux devoirs des hommes constitués en état social national ;

D'où ces conséquences :

L'autorité ne peut être personnifiée et exercée légalement, légitimement en dehors de la loi de Dieu, en dehors des trois relations qui constituent son essence ;

L'autorité spirituelle, morale, religieuse est universelle, divine;

L'autorité relative est nationale, terrestre, restreinte ;

La personnification légale, légitime de l'autorité spirituelle peut exercer légitimement en même temps l'autorité temporelle dans une nation, même sans l'assentiment de la nation, du moment que ce fait est sanctionné par la majorité du tout universel, tandis que la personnification d'une autorité temporelle ne peut exercer légalement, légitimement l'autorité spirituelle sans la sanction de la loi de Dieu, aurait-elle la sanction du tout universel social ;

La personnification légale, légitime de l'autorité spirituelle, est d'ordre supérieur, divin, immuable ;

La personnification de l'autorité temporelle est, en même temps, dépendante de l'ordre divin, liée à l'ordre divin, mais d'ordre social national, forcément restreinte dans son exercice à évoluer dans l'ordre social national.

Toutes ces diverses causes et conséquences proclament logiquement la distinction du spirituel et du temporel, la supériorité du spirituel sur le temporel, la relation forcée du temporel avec le spirituel, sa dépendance du spirituel, le dualisme en matière de personnification de l'autorité.

La nécessité du dualisme, en matière de personnification de l'autorité, est déduite de la nature une et en même temps complexe de l'autorité, est impliquée dans les faits du double développement de l'homme, de l'existence de la société religieuse universelle, et d'un état social national distinct.

Par la raison que le dogme primordial unit et rattache la nature humaine à Dieu, la souveraineté relative des peuples, la personnification de cette souveraineté sont unies, rattachées à la souveraineté de Dieu, à l'autorité de la loi de Dieu ; elles n'existent légalement, légitimement de droit qu'à la condition de ne pas rompre le lien qui les unit à la souveraineté de Dieu, de ne pas être en état d'insurrection contre la loi divine, lien immuable, absolu, auquel les peuples et les princes ne peuvent porter atteinte sans détruire leur droit à la souveraineté relative.

X.

La légitimité, soit dans l'ordre spirituel, soit dans l'ordre temporel, n'est exclusive d'aucun système politique, pourvu que ces systèmes soient basés sur la morale, sur la religion ; qu'ils n'aient pas pour base l'individualisme, le protestantisme, le philosophisme, négatifs de la tradition, de la révélation, de toute association, de toute autorité, de tout état social ; qu'ils soient fondés sur la raison, la justice et les lois de l'humanité.

La force ne fait pas la légitimité; la légitimité, dans l'ordre spirituel comme dans l'ordre temporel, doit être rattachée à l'idée morale, à la force morale, à l'idée du droit, de la justice, de la raison, à l'idée d'une puissance suprême qui juge en dernier ressort, souverainement, punit ou récompense tous les actes des hommes.

C'est en vain que l'esprit d'insurrection, l'individualisme, le protestantisme et le philosophisme ont voulu attaquer la légitimité de l'autorité en la présentant comme la bannière de l'absolutisme; ils n'ont pas réussi à lui enlever sa véritable origine, son véritable caractère, sa véritable mission.

Le principe d'autorité, c'est la liberté de l'homme, restreinte dans les limites que lui tracent les véritables lois de l'humanité, lois gravées par le Créateur dans sa conscience; c'est le droit de l'homme.

Pour les croyants, pour les créatures intelligentes, Dieu est l'Être suprême, Créateur tout-puissant, l'intelligence suprême, souveraine, sans borne; Dieu ne serait pas Dieu si la créature n'était pas distincte de Dieu, et, en même temps, unie à Dieu; Dieu ne serait pas tout-puissant, la suprême intelligence, s'il n'avait pas donné des lois aux créatures intelligentes.

La soumission à la loi de Dieu est le but et la fin des créatures intelligentes.

La loi de Dieu imposée aux créatures intelligentes, c'est la morale religieuse, c'est la religion.

La loi de Dieu est gravée dans la conscience de l'homme; elle est le lien, l'expression des rapports de la créature intelligente avec l'intelligence suprême, avec la cause toute-puissante, avec l'unité humaine sociale, avec la créature intelligente.

La loi de Dieu n'est la loi de l'homme individuellement que parce qu'elle est la loi de l'humanité, et, conséquemment, la loi qui détermine et limite les rapports des individus avec le tout social humain,

Les rapports des individus entre eux,

Les rapports des individus avec un état social national,

Les rapports des états sociaux nationaux entre eux et avec le tout social humain,

Les rapports des individus des états sociaux nationaux du tout social humain avec Dieu, fin morale, spirituelle, supérieure de l'humanité.

La loi de Dieu, gravée dans la nature même de l'homme, implique une révélation permanente de Dieu à l'homme, une foi correspondante à cette révélation de l'homme à Dieu, et enfin elle implique l'acquiescement de l'esprit et de la raison que Dieu a donnés à l'homme, si l'esprit et la raison de l'homme ne sont pas déviés par l'orgueil, cette passion fatale de l'humanité, ou par un état maladif du cerveau.

L'intelligence donnée par Dieu au tout social, à l'humanité est une; l'intelligence individuelle de l'homme est diverse.

La preuve de la diversité des intelligences des hommes, individuellement, s'en trouve dans la diversité des aptitudes des hommes; l'homme, individuellement, n'est pas universel; s'il était universel, il serait infaillible en intelligence.

La preuve de l'unité de l'intelligence de l'humanité s'en trouve dans la réunion de toutes les intelligences formant un tout, embrassant toutes les aptitudes accessibles à l'esprit humain.

La diversité des intelligences est-elle un fait naturel, ou ce fait est-il le résultat d'un état anormal de l'humanité?

Grande question difficile à aborder et plus difficile à résoudre.

D'une part la dispersion, la vie nomade, les passions, les vices produisent la dégénérescence, la décadence dans la constitution physique des hommes et dans leur vie morale; ce sont là des faits matériels visibles, appréciables, qu'on ne peut nier; d'autre part, il est non moins visible, non moins appréciable, qu'une constitution maladive, rachitique de l'homme, ou un défaut d'énergie morale ont une grande influence sur le développement, sur l'énergie de son intelligence;

D'où l'on pourrait conclure logiquement que la diversité des aptitudes, la diversité des intelligences humaines, sont, non un fait naturel, mais les résultats des vicissitudes, de la dispersion, des passions, des défaillances vicieuses de l'humanité;

D'où on pourrait conclure, par suite, que dès les premiers âges du monde, l'intelligence individuelle de l'homme avait plus de vigueur, plus d'énergie, plus d'étendue; que les hommes avaient individuellement un plus grand nombre d'aptitudes; et, en remontant jusqu'à la création, par appréciation comparative, que le premier homme possédait des facultés intellectuelles et des aptitudes équivalentes aux intelligences et aux aptitudes réunies du tout social humain d'aujourd'hui;

Que, conséquemment, la révélation permanente de Dieu à l'homme était, à cette époque, dans le rapport du nombre des individus qui forment le tout social au nombre un;

D'où la conséquence, que soit par un effort de la nature, soit par un fait secret de la Providence, il peut apparaître dans

la société des hommes à intelligences supérieures, à aptitudes
générales, sinon universelles ;

D'où ces questions :

Si les apparitions ont lieu notamment aux époques où l'é-
goïsme s'est introduit dans les mœurs ; où les droits et les devoirs sont de vains mots dont la foule insurrectionnelle se rit ;
où toutes les passions dégradantes font suer à l'homme le scepticisme par tous les pores ; où l'on ne connaît que les appétits
matériels ; où l'homme enivré d'ardeurs et de frénésies maté-
rielles, étouffe la vie dans des embrassements vicieux et for-
cenés, époques de décadence et de dégénérescence où le
monde tombé dans le marasme de l'épuisement a besoin d'être
sauvé, renouvelé ; ces hommes ne sont-ils pas des créatures de
la Providence, les instruments par lesquels Dieu sauve de la
profanation les lois divines, sauve l'humanité ou punit les nations de leurs défaillances morales, en les faisant les esclaves,
les jouets de la puissance despotique, terrible d'un de ces
hommes ?

Les idées d'individualisme, de protestantisme, de philosophisme, de socialisme, de scepticisme, de matérialisme, de
tout ce qui constitue une insurrection sont-elles ou non les résultats des conceptions d'esprits maladifs ?

Questions plus importantes, plus graves qu'on ne le pense et
qui appellent une solution ;

Questions qui se présenteront dans les faits qui feront l'objet
de notre appréciation dans la suite de notre travail.

XI.

L'autorité qui repose sur des principes immuables, qui est
l'expression de la vérité, est immuable et légitime.

La morale, les sentiments religieux qui existent dans
l'homme indépendamment de sa volonté, les faits moraux, les
faits religieux, l'opinion universelle des hommes, les faits individuels, les faits généraux, la science, la raison, la logique,
les faits visibles, les faits non visibles mais susceptibles d'appréciation, l'aspect de la nature, toutes choses, enfin, qui sont
accessibles aux sens, à la raison de l'homme, démontrent la
vérité, l'immuabilité des principes de la religion apostolique
catholique.

Or, quand un principe est vrai, immuable, les conséquences
de ce principe sont vraies et immuables comme le principe
même.

L'humanité envisagée au point de vue des principes immuables, universels, religieux, au point de vue des lois immuables
de Dieu, quelle est la situation réelle, vraie du christianisme
considéré comme vérité divine, vis-à-vis des peuples entre
eux, des Césars entre eux, des hommes vis-à-vis du tout social,
et de la personnification du tout social national, des hommes
entre eux?

Dans tous les temps, dans tous les lieux, depuis Adam jusqu'à nos jours, l'autorité spirituelle a été reconnue et personnifiée.

La personnification de l'autorité spirituelle a été dans tous
les temps, dans tous les lieux sanctionnée par les peuples; elle
a été sanctionnée par Dieu, quand cette personnification a
marché dans la voie de la légitimité.

La tradition, l'histoire nous en ont transmis divers exem-
ples :

Dieu, notamment, a personnifié son autorité souveraine, son
pouvoir tout-puissant, divinement dans le Christ;

Le Christ a personnifié l'autorité spirituelle, la révélation, la
tradition dans les apôtres ;

Il a personnifié son autorité spirituelle supérieure dans le
chef des apôtres ;

Ce fut l'institution de l'apostolat et du souverain pontificat;
ce fut la transmission de l'exercice de l'autorité à l'apostolat et
au souverain pontificat ;

La transmission de l'autorité spirituelle supérieure au souverain pontificat ;

Et celle de l'autorité spirituelle relative à l'apostolat.

Cette transmission aux apôtres de l'exercice de l'autorité spirituelle, a été faite par le Christ dans l'exercice de la puissance
souveraine de Dieu, cette transmission fut donc faite par volonté divine.

L'apostolat et le souverain pontificat sont donc indéniablement une institution divine.

Or, il faut contester à Dieu la suprême intelligence, l'intelligence infaillible, ou il faut admettre que l'institution a une
raison d'être, est rationnelle, immuable, inattaquable ; qu'elle
est par droit divin ; que par cette institution l'Eternel a eu un
but, a conféré une mission.

Cette mission, ce but, quels sont-ils?

Cette mission, ce but indéniablement, ce sont : la conservation de la loi de Dieu intacte d'erreurs; l'interprétation de
cette loi; l'enseignement de la loi, de son interprétation, de sa
pratique; l'enseignement et la conservation des préceptes mo-

raux qui en dérivent, des préceptes du Christ ; la conservation, l'enseignement, l'interprétation de la tradition, le rappel continuel de l'homme à Dieu, à la loi de Dieu ; la propagation de la foi, de la loi de Dieu, du christianisme ; l'universalisation du christianisme, la propagation du mystère de la rédemption dans le monde entier.

Tels ont été si indéniablement le but et la mission de l'institution, que nous défions tous les individualistes, tous les protestants d'en imaginer un autre appuyé sur des arguments propres à satisfaire la raison humaine.

Que l'idéologisme, l'individualisme, le protestantisme nient l'institution, mais qu'ils ne nient pas l'unique conséquence qu'on puisse en tirer : car s'ils admettent l'institution, en niant la conséquence, ils renient le Christ, en lui attribuant une institution sans mission, sans but ; ils nient la divinité du Christ ou ils nient l'intelligence supérieure, infaillible de Dieu.

Pour le croyant au Christ, l'apostolat ne s'écartant pas de la voie tracée par les principes religieux, est la personnification de l'autorité dirigeante, l'autorité légitime immuable, comme les principes mêmes.

Le souverain pontificat est l'autorité présidentielle, prépondérante, dirigeante de l'apostolat, l'autorité supérieure directrice souveraine du tout social chrétien.

Le souverain pontificat, l'apostolat institués par le Christ en principe indéniable par la nature de leur institution, sont d'ordre divin, conséquemment, sont la personnification de l'autorité spirituelle légitime, inattaquable, immuable ;

Ils sont la seule personnification de l'autorité légitime dirigeante en matière religieuse ;

Et non-seulement la personnification de l'autorité apostolique est immuable, légitime en principe, mais encore elle a été légitimée dans tous les temps jusqu'à nos jours, depuis le Christ, par l'acceptation, la sanction générale, universelle de la société chrétienne, par la vérité et la souveraineté relatives, conséquences de la vérité et de la souveraineté immuables.

D'où cette conséquence :

On ne peut attaquer l'institution du souverain pontificat, de l'apostolat, sans porter atteinte à la souveraineté de Dieu, au mystère de la Rédemption, à la souveraineté relative universelle du tout social chrétien, sans être coupable d'insurrection contre la loi de Dieu, le christianisme et les droits de la société chrétienne.

Mais il n'en est pas de même des actes du souverain pontificat et de l'apostolat qui faussent le principe ; ces faits, résultats de l'imperfection humaine, sont susceptibles de réforme.

Celui donc qui n'attaque que l'imperfection de la manifestation dirigeante de l'autorité spirituelle, n'est point coupable d'hérésie, ne porte point atteinte à l'orthodoxie religieuse; il peut être dans l'erreur, il peut avoir tort de persister dans son attaque, s'il voit l'impossibilité de convaincre la majorité; il a toujours tort si son attaque n'est pas respectueuse, est outrée; il aura indubitablement tort si cette attaque est un danger pour le principe même, eût-il même mille fois raison.

Mais à coup sûr il ne sera pas un hérétique.

Mais celui qui attaque l'autorité elle-même, qui se soulève contre les principes immuables mêmes, contre la légitimité de l'institution, contre les conséquences de cette institution;

Celui dont l'attaque, eût-il raison, met l'institution en péril;

Celui qui ne reconnaît d'autre autorité que son libre arbitre individuel;

Celui-là est un révolté contre la vérité immuable, contre la loi de Dieu, c'est ce qu'on nomme un protestant.

L'association religieuse est impossible, au protestant, dans toute l'acception du mot.

Le protestantisme et l'individualisme, ce sont l'insurrection des passions de l'homme contre les vérités immuables religieuses, l'orgueilleux et licencieux esprit de révolte de l'homme s'exerçant contre l'autorité.

Et qu'on ne croie pas que le protestantisme exerce son orgueilleuse prétention contre l'autorité spirituelle seulement.

Le mot protestantisme est synonyme de désunion, d'insurrection; le protestantisme n'est ni une religion, ni une secte religieuse, c'est une maladie de l'esprit humain, une monomanie qui fait croire à l'homme qui en est atteint, que les hommes sont esclaves s'ils ne jouissent pas d'une liberté licencieuse. Le protestantisme existe dans l'ordre temporel social, comme dans l'ordre spirituel.

Le protestantisme et l'individualisme s'insurgeant contre l'ordre spirituel, et le socialisme s'insurgeant contre l'ordre temporel, sont congénères, sont les enfants jumeaux, excentriques de la même idée; de l'idée qui proclame le droit naturel individuel à la liberté licencieuse, le droit individuel synonyme d'anéantissement de l'ordre spirituel, de l'ordre social de l'humanité.

Toutes les fois donc qu'apparaît dans la société chrétienne l'insurrection contre l'autorité spirituelle, on peut dire à coup sûr, que l'insurrection contre l'état social national y existe prête à se manifester quand l'occasion se présentera.

Toutes les fois que l'insurrection contre l'ordre temporel se manifestera dans un état catholique, on peut dire également à coup sûr, que l'insurrection contre l'autorité spirituelle y existe prête à se manifester.

L'autorité politique, dans l'ordre social, est légitime ou ne l'est pas ; elle est légitime comme l'autorité spirituelle, quand elle est l'expression de la vérité ; il n'y a, en matière d'ordre social, que des vérités relatives déduites des vérités immuables de l'ordre spirituel.

Les principes, les institutions, les lois dans l'ordre social qui ne se rattachent pas par un lien moral à la loi de Dieu, aux principes immuables de l'ordre spirituel religieux, sont des principes, des institutions, des lois illégitimes qui ne peuvent être la base d'une fondation d'autorité légitime.

La personnification de l'autorité politique sociale temporelle avec de tels principes, de telles institutions, de telles lois est illégitime ; d'où la conséquence que la personnification d'une autorité politique sociale protestante est une autorité illégitime ;

D'où la conséquence que toutes personnifications d'autorité nées d'une insurrection, expression de l'individualisme, du scepticisme, du philosophisme, de toute idée, enfin, reposant uniquement sur des systèmes, n'embrassant que des intérêts matériels exclusifs du développement moral religieux spirituel, niant la prééminence de ce développement supérieur, sont des personnifications illégitimes ;

D'où la conséquence que le chef de l'état qui prétend être, non la personnification de l'autorité par principes rationnels relatifs, mais par droit de naissance, par droit de succession inattaquable, imprescriptible, inaliénable, est une autorité illégitime, une prétention chimérique individuelle.

La véritable loi sociale relative, déduite de la loi divine, c'est la manifestation de la volonté du tout social, dans les limites de sa souveraineté relative ; voilà la vérité, la véritable autorité.

Ainsi, les vérités fondamentales d'une personnification d'autorité et d'un tout social sont :

1° La morale sanctionnée par la religion, la loi divine ;

2° La volonté du tout social, ou de la majorité du tout social rationnellement en rapport avec la loi divine, se manifestant dans les limites posées par la loi divine ;

3° Des institutions, des lois, des principes immuables religieux, en rapport avec la loi divine ;

4° Une personnification de l'autorité présentant toutes les garanties de respect pour les principes religieux, pour la loi divine, pour la religion, pour les principes relatifs sociaux.

A ces conditions seulement, la personnification de l'autorité politique sociale est légitime.

En vain, on dira que la souveraineté du peuple, la personnification de l'autorité basée sur la souveraineté du peuple sont l'unique expression de l'autorité légitime.

La souveraineté du peuple n'existe pas, dans la véritable acception du mot. Dieu est seul souverain.

La volonté du tout, ou de la majorité d'un tout social n'est point souveraine; elle est rationnelle, légale, une vérité, l'autorité relative, ou irrationnelle, illégale, le mensonge des passions, l'illégitimité, l'insurrection, l'anarchie ;

Elle est rationnelle, légale, une vérité d'autorité relative quand elle se manifeste en rapport avec la loi de Dieu, la morale, les principes religieux, qu'elle ne porte, enfin, atteinte en aucune façon aux principes religieux immuables ;

Elle est insurrectionnelle, anarchique, illégitime, une manifestation défaillante des passions en ébullition, quand elle se manifeste exclusive de la loi de Dieu, des principes divins religieux immuables, des principes sociaux relatifs.

Le peuple, en effet, n'est point souverain, en ce sens que sa raison et sa volonté soient complètement indépendantes lorsqu'il croit à un être suprême; car du moment qu'il croit à un être suprême, sa raison, sa volonté qui sont un don de Dieu, sont dépendantes des lois divines, des lois du vrai et du bien qui ont leur origine en Dieu.

La souveraineté de Dieu est seule absolue.

La volonté du peuple, si on peut l'appeler une souveraineté, ne peut, dans tous les cas, être qu'une souveraineté relative limitée, soumise à la loi de Dieu, aux principes immuables divins; qui ne peut se manifester, s'exercer légitimement que dans les limites posées par la loi de Dieu, par les préceptes divins religieux.

Voilà ce que peut être la volonté du peuple aux yeux d'un croyant, au point de vue de l'homme qui sait et raisonne logiquement.

Au point de vue d'un révolté contre toutes les lois, d'un insurgé contre l'ordre divin, d'un sceptique, d'un matérialiste, la volonté d'un peuple, quoi qu'il en dise, n'est rien, elle ne peut rien être, la matière n'a ni droits à exercer, ni devoirs à remplir.

La matière inerte ou en mouvement, se modifie, se transforme, se meut; mais ces propriétés ne sont pas des facultés

rationnelles, spirituelles, morales; la matière dans ses transformations, dans ses modifications, dans ses mouvements, évolue sans discernement.

Mais assez sur ce point, le matérialisme ne mérite pas une réfutation, il est tout au plus digne d'un sentiment de pitié; il n'est que le résultat d'une maladie du cerveau produite par le débordement et la dépravation des passions humaines.

XII.

La personnification de l'autorité temporelle légitime est tout autre chose que la volonté d'un homme, quoiqu'elle se présente sous cette forme aux yeux des hommes.

Elle est une volonté essentiellement morale, religieuse, raisonnable, éclairée, juste, impartiale, étrangère et supérieure à toutes les volontés individuelles; elle est l'expression relative de la morale, de la loi de Dieu, des préceptes du Christ modifiés au point de vue matériel social, selon les vérités relatives.

Tant que l'autorité temporelle est ainsi exercée, la personnification en reste légitime, elle a l'adhésion de la majorité du tout social, elle est l'autorité bénie de Dieu; le chef de l'état qui l'exerce ainsi est l'homme de la Providence, il est la légitime personnification de l'autorité de droit.

Elle peut être indubitablement supérieure même à la volonté de la majorité du tout social, par la raison logique qu'une volonté individuelle rationnelle, normale est supérieure à la volonté irrationnelle, anormale de la majorité d'un tout social.

Les volontés n'ont de valeur qu'autant qu'elles sont légitimes devant Dieu.

Dieu est seul souverain dans toute l'acception du mot.

Le peuple n'est souverain que relativement, limitativement, en rattachant son droit relatif souverain à la souveraineté de Dieu, conséquemment, en exerçant sa souveraineté dans les limites tracées par la loi de Dieu, par la morale, par les préceptes religieux, par tous les principes divins immuables.

Dès que le peuple, dans sa souveraineté relative, brise le lien qui le rattache à Dieu, dépasse les limites qui lui sont imposées par Dieu, sa souveraineté s'anéantit, il n'est plus qu'un révolté, qu'un insurgé contre Dieu, une réunion de fous, que, nous ne dirons pas le chef de l'état seulement, mais tout homme appuyé par une minorité, s'il est assez fort, doit retenir dans la pente vicieuse où il se précipite; et il le fera parce qu'il exercera, non-seulement un droit, mais parce qu'il remplira un devoir.

Mais, dira-t-on, qui sera juge du droit et de la légitimité entre la majorité et la minorité, entre la volonté de la majorité du tout social et la volonté d'un seul appuyée par la minorité? qui! la majorité elle-même, qui bénira l'homme qui l'aura sauvée.

D'abord, d'une part, dans tous les temps, dans tous les lieux, et les faits sont affirmés par l'histoire générale, il n'y a eu et il ne peut y avoir que des hommes supérieurement intelligents, des hommes de génie capables d'entreprendre dans un moment d'insurrection, de sauver la société malgré elle.

Dire quels sont les divers sentiments qui déterminent ces grands hommes à résister aux flots tumultueux des passions insurrectionnelles de la société, dans ses moments périlleux, est chose fort difficile. C'est une erreur de penser que l'ambition soit leur seul sentiment déterminant.

L'apparition de ces grands hommes à ces époques de bouleversement est un secret de la Providence que nul homme ne peut pénétrer.

Sans nul doute, l'ambition entre pour beaucoup dans les sentiments qui les font agir ainsi; mais l'ambition seule ne peut faire un grand homme, et il n'y a qu'un grand homme capable d'embrasser une aussi difficile et périlleuse entreprise.

Le spectacle de l'anarchie sociale frappe, révolte intellectuellement un grand homme, il en est choqué comme d'un fait qui ne doit pas être, il est invinciblement possédé du besoin de l'empêcher, de le faire disparaître, et cela sans s'en rendre un compte bien exact. Il est poussé malgré lui invinciblement dans cette voie, par un sentiment supérieur à toutes les passions humaines et indépendant de ces passions.

Il est l'homme de la Providence, et l'homme de la Providence obtient toujours la sanction de l'humanité quand, après avoir accompli sa mission, il ne se laisse pas ensuite dominer par l'orgueil et les passions terrestres.

D'autre part, la révolte n'est que temporaire, elle est toujours le résultat des passions surexcitées par un parti turbulent, perturbateur, qui existe dans la société, par les protestants contre l'ordre divin et contre l'ordre civil, malades imaginaires incurables, dont la monomanie est l'idée d'insurrection contre tout ordre; ces surexcitations ne sont pas durables, ce sont des tempêtes, et le calme vient toujours après la tempête.

L'insurrection se calme si elle n'est que le résultat d'un mouvement tumultueux des passions surexcitées, et le peuple bénit l'homme qui l'a sauvé ; mais elle ne se calme pas, ou son calme n'est qu'apparent, temporaire, et elle reparaît avec plus de force, de vigueur, d'énergie si elle est dans la voie de Dieu, si elle a pour cause la nécessité d'abattre une personnification illégitime de l'autorité qui viole les lois de Dieu, les principes religieux, les principes relatifs sociaux, et elle sort de la lutte victorieuse, parce que sa cause est juste, légitime ; parce qu'alors la volonté de la majorité c'est la souveraineté de droit relative qui parle, qui ordonne, qui commande ; parce qu'elle est la justice de Dieu ; parce qu'alors on peut dire d'elle : *Vox populi, vox Dei.*

XIII.

Après avoir démontré l'existence de l'autorité de droit, après avoir démontré jusqu'à quel point l'autorité de droit pouvait être représentée par une personnification, par une volonté humaine ; après avoir démontré que l'autorité était relativement souveraine dans les limites de la loi de Dieu, de la morale, des principes immuables religieux ;

Après avoir établi le dualisme de l'autorité ;

Après avoir déterminé le cercle rationnel moral religieux, légal dans lequel doivent être restreintes les évolutions des personnifications des deux autorités, de l'exercice des droits du tout social, de l'exercice des droits de la majorité d'un état social, par conséquent après avoir déterminé les rapports des personnifications d'autorités entre elles, leurs rapports avec les peuples, les droits, les devoirs, les rapports des individus entre eux, vis-à-vis de l'humanité, vis-à-vis d'un état social, nous examinerons comment va le monde, quelle est la situation de l'humanité, des états sociaux ; en quoi les faits généraux qui se produisent à notre époque dans l'ordre spirituel religieux, dans l'ordre politique social sont conformes aux vrais principes que nous venons de développer, au double développement de l'humanité et de la société, aux intérêts internationaux, en rapport avec la loi de Dieu ; nous examinerons quels sont en matière d'ordre spirituel divin, les caractères de l'autorité, les caractères qui dérivent de sa nature même.

D'abord, l'autorité est unique ; puisqu'il n'y a qu'un Dieu, une vérité religieuse, une religion vraie, il ne peut y avoir qu'une autorité ; l'autorité donc est toujours la même, toujours permanente, car la vérité ne change point, elle est supérieure, étrangère à toutes les passions, à toutes les vicissitudes du monde ; elle n'est du monde qu'en ce qu'elle en est la loi, le principe moral et social.

Ces caractères divins, c'est l'homme d'une vie exemplaire, évangélique, un homme choisi parmi les plus vénérables pontifes, les plus vénérables apôtres de l'évangile, le grand pontife qui peut en paraître la plus parfaite, l'unique image ; toute autre personnification en est une image profane, chimérique, blasphématoire.

C'est donc le grand pontificat qui reproduit extérieurement de la manière la plus rationnelle, la plus sensible, la plus en rapport avec la grandeur de Dieu, l'autorité spirituelle religieuse, la personnification de la loi de Dieu.

Le Christ ne l'eût-il pas institué, que la société religieuse l'instituerait, et ne pourrait rationnellement l'instituer différemment.

Le grand pontificat divinement institué par le Christ, et rationnellement, généralement reconnu être la plus parfaite, l'unique fidèle image de l'autorité spirituelle religieuse, est l'unique personnification légitime de la loi de Dieu ; loi juste, qui seule a le droit de gouverner la société chrétienne, la société morale qui sait et raisonne.

Toutes prétentions de personnification d'autorité spirituelle qui s'élèvent à côté d'elle, toute personnification d'autorité temporelle chrétienne qui s'élève contre elle, sont, non pas la représentation d'une autorité spirituelle ou temporelle légitimes, mais la personnification de l'esprit de révolte s'élevant contre la loi de Dieu, la représentation de l'esprit des ténèbres s'élevant contre l'esprit vivifiant religieux.

XIV.

Si on regarde attentivement dans les opinions diverses qui se manifestent en Europe, à l'occasion des crises et des évènements politiques et religieux, on y verra qu'il y a dans la société trois prétentions insurrectionnelles, illégitimes, qui produisent la perturbation dans l'ordre moral spirituel religieux, et dans l'ordre social.

Ces trois prétentions sont :

Le despotisme ;

L'ambition ;

L'esprit d'insurrection contre toute autorité.

Le despotisme se présente sous deux aspects distincts :

Sous l'aspect d'aspirations au régime féodal, et sous l'aspect schismatique.

L'ambition se présente sous l'aspect de la politique, qui fait naître des crises, des évènements, pour exploiter ces crises, ces évènements à son profit.

L'esprit d'insurrection se présente sous un aspect protéiforme; sous l'aspect de l'individualisme, du protestantisme, du socialisme, du panthéisme, du scepticisme, du matérialisme; mais surtout sous l'aspect pharisaïque, maladif, immoral, pervers, dégradé du philosophisme.

De sorte qu'on peut dire qu'il y a dans la société quatre factions turbulentes, qui portent la perturbation dans l'ordre spirituel et dans l'ordre temporel, par leurs aspirations illégitimes passionnelles.

En matière d'ordre moral spirituel religieux, le souverain pontificat, en principe indéniable par sa nature même, personnifie légitimement l'autorité de droit, l'autorité dirigeante; son institution, sa mission sont inattaquables, immuables; il est d'ordre divin, unique.

La souveraineté des peuples, la personnification de cette souveraineté sont d'ordre social; elles sont conséquemment terrestres, conditionnelles, subordonnées, versatiles, éphémères, périssables.

Elles sont et ne peuvent être dès lors, que des conséquences de principes relatifs; elles peuvent être dépendamment, relativement légitimes, mais elles ne peuvent l'être indépendamment, par principe immuable.

Elles ne peuvent se manifester sans imperfections, conséquemment elles ne peuvent se manifester que systématiquement.

Une manifestation systématique peut atteindre un plus ou moins haut degré de perfection, mais elle est toujours imparfaite. En matière de souveraineté relative des peuples et de personnification de cette souveraineté, il ne peut y avoir rationnellement, légitimement que deux systèmes.

Le système monarchique par la volonté du peuple, en rapport relatif respectueux, soumis, avec la loi de Dieu, la loi de l'humanité, le droit divin.

Le système républicain, également par la volonté du peuple, en rapport relatif respectueux, soumis, avec la loi de Dieu, la loi de l'humanité, le droit divin.

La différence entre les deux systèmes n'existe que dans la forme, dans l'organisation du gouvernement.

Les partisans de ces deux systèmes, pour celui qui veut faire une appréciation positive des idées qui germent dans l'esprit des hommes, doivent être classés ainsi :

Dans le système monarchique, des monarchistes par raison morale, religieuse, sociale ; des monarchistes par passions licencieuses, despotiques, féodales ou protestantes.

Dans le système républicain, des républicains par raison morale, religieuse, sociale ; des républicains par passions licencieuses, protestantes, anti-religieuses, anti-sociales, immorales, dégradantes.

Peuples, chefs d'état, citoyens monarchistes ou républicains par raison morale, religieuse, sociale, suivent la loi légitime.

Peuples, chefs d'état, citoyens monarchistes ou républicains par passions licencieuses, sont des insurgés contre la loi de Dieu, contre la loi de l'humanité, contre l'ordre spirituel, contre l'ordre social humanitaire ; ils deviennent des insurgés contre l'ordre social national, contre l'ordre social international, lorsque par leurs actes, par leurs paroles, par leurs écrits, ils tentent de porter la perturbation dans l'ordre social national, dans l'ordre social international.

Depuis quelque temps on remarque et il est impossible de ne pas remarquer, si on lit attentivement les écrits des publicistes qui arborent une couleur relativement aux évènements politiques et religieux ; si on regarde profondément dans divers actes officiels ou non officiels de certains gouvernements, que quatre factions passionnelles, licencieuses par des incitations illégitimes, tentent de faire naître une conflagration générale, espérant d'exploiter cette conflagration chacune à son profit.

Ces quatre factions représentent, comme nous l'avons déjà dit :

Les aspirations despotiques féodales ;

Le despotisme schismatique ;

L'ambition ;

L'esprit d'insurrection.

D'une part, les publicistes à nuances féodales dans leurs incitations réactionnaires, dans leurs dissertations religieuses, plus religieux que l'Eglise même, mais laissant trop voir le fond de leurs pensées, laissant percer la manifestation de leurs sentiments de personnalité féodale, fournissent aux publicistes révolutionnaires les moyens de présenter l'ordre spirituel, l'ordre social comme des situations théocratiques ou féodales plus ou moins étendues, plus ou moins modifiées.

Les publicistes à nuances féodales portent atteinte à l'ordre religieux, à la loi de Dieu, au droit divin, en les présentant comme exclusifs de tout système social, autre que le système monarchique féodal.

De ces faits insensés, les tribuns révolutionnaires déduisent des conséquences chimériques, à la vérité, mais ces déductions, ces conséquences mises habilement en perspective devant les yeux de la portion peu instruite de la société, produisent des effets déplorables.

D'autre part, les personnifications anormales d'autorité despotiques, autocratiques, schismatiques pesant sur les nations comme des marbres sur des tombeaux, tentent d'exploiter à leur profit les faits perturbateurs qui agitent les nations soumises à l'autorité légitime ; l'une d'elles, la Russie, opprime, démoralise, abrutit, massacre des peuples en jetant son gantelet de fer à la face des personnifications de l'autorité légitime, en les défiant de s'y opposer ; une autre, l'Angleterre, dans ses évolutions politiques, protestantes, tend continuellement à saper dans ses fondements, le principe d'autorité légitime.

La guerre de Crimée, tous les faits insurrectionnels et le massacre de la Pologne ont été les résultats de ces tentatives.

D'autre part, enfin, si on regarde profondément dans les écrits des publicistes insurrectionnels, dans leurs indirectes attaques contre la personnification de l'autorité, contre l'ordre moral ; si on remarque attentivement certaines aspirations qui surgissent par temps de l'ombre, et se manifestent par des faits caractéristiques de tentatives d'insurrection contre l'ordre moral aussi bien que contre l'ordre social ; si on fait une appréciation rationnelle des évolutions contradictoires de certains publicistes serviles qui, sans sens moral, sans nuances positives, sans initiative, changent dans leurs écrits de physionomie selon les circonstances et les évolutions gouvernementales, on sera convaincu que tous ces faits sont révélateurs d'aspirations insurrectionnelles, diverses, hypocrites, manifestant trois prétentions passionnelles, licencieuses, se montrant unies par une entente hypocrite pour se produire simultanément sur la scène, dans les attaques dirigées contre la papauté avec une inconvenance et une licence dégradantes.

La coïncidence de ces prétentions, leur coalition par un simulacre d'entente dans l'attaque contre la personnification de l'autorité spirituelle, ne proviennent ni d'une similitude de sentiments, ni d'un rapport d'idées congénères, ni d'aspirations analogues tendant au même but définitif.

Quoique contradictoires et ennemies les unes des autres par leur nature même, ces prétentions se sont unies, coalisées pour battre en brèche le principe du pouvoir spirituel et temporel de la papauté qui les gêne.

C'est là le seul point sur lequel les trois prétentions sont d'accord.

La première de ces trois prétentions, celle sous la bannière de laquelle les autres marchent provisoirement, hypocritement, c'est la prétention de la monarchie piémontaise, ayant pour but définitif de constituer le royaume d'Italie par la réunion, en une seule nation, de tous les états de la péninsule, la prétention de reconstituer l'empire romain.

La seconde, c'est la prétention du socialisme matérialiste philosophique d'arriver, par tous les moyens possibles, à la liberté licencieuse, à la république, à la dictature des pharisiens de notre époque.

La troisième, c'est la prétention de l'absolutisme anglican de dominer sur tous les points du globe, et de détruire les principes d'autorité légitime.

Pour connaître et comprendre complètement cette coalition, ce simulacre d'entente, ce pacte hypocrite, il faut considérer ces trois prétentions sous leurs aspects divers; il faut se rendre un compte exact de ce qu'elles sont, de ce qu'elles doivent forcément être, de leurs aspirations, de leur nature.

En Italie, le parti qui aspire réellement à l'unification des états de la péninsule sous la monarchie du roi Victor-Emmanuel est composé, à quelques exceptions près, de Piémontais.

Le roi Victor-Emmanuel et le parti monarchiste qui l'appuie, éclectiques, protéiformes, évolutionnaires par circonstances, niant que les lois divines puissent avoir une action sur les lois civiles; établissant une ligne de démarcation entre le développement spirituel moral de l'humanité et le développement social des intérêts matériels des états; sacrifiant le développement spirituel moral au développement matériel des états; constamment à la recherche d'un système gouvernemental, de situations et de moyens qui pourraient leur faire atteindre le but qu'ils se proposent; dans l'impuissance d'atteindre par eux-mêmes ce but, ont recherché l'alliance avec les partis républicain, insurrectionnel, philosophique, garibaldien, mazzinien, avec le despotisme anglican, l'alliance et l'appui de tout ce qui constitue l'insurrection en Europe.

L'insurrection politique, fille de la révolte contre l'esprit religieux vivifiant, matérialiste par passion, aspirant à un état socialiste, matérialiste, licencieux, avec un esprit pharisaïque qui lui donne une physionomie empreinte d'une duplicité immorale, sceptique, dégradante, adoptant un système dont le programme peut se résumer ainsi :

Simulacre de respect d'abord pour l'autorité spirituelle ;

Simulacre d'entente avec les monarchies ;

Unification de l'Italie sous la monarchie piémontaise, présentée comme principe, mais en réalité n'étant pas un but, mais un moyen ;

Surexcitation des passions ambitieuses du roi Victor-Emmanuel pour le faire entrer de plus en plus dans la voie insurrectionnelle ;

Tentatives de faire entrer dans cette voie la monarchie française ;

Recherche d'abus religieux en dénaturant les faits pour déconsidérer le catholicisme ;

Démonstrations captieuses de la nécessité d'une réforme dans le catholicisme ;

Réveil du protestantisme contre le catholicisme ;

Création d'une coalition pour détruire le pouvoir temporel de la papauté ;

Attaques violentes dans ce but contre la papauté ;

Organisation d'une horde insurrectionnelle toujours prête pour l'action ;

Le pouvoir temporel détruit :

Démonstrations captieuses que la religion ne peut être qu'un rapport individuel de l'homme à Dieu ;

Démonstrations captieuses que l'Eglise catholique est un foyer d'abus religieux portant atteinte à la liberté des hommes ;

L'autorité spirituelle anéantie, bannie de Rome ;

Soulèvement de la horde d'action insurrectionnelle ;

Généralisation du soulèvement par l'intimidation ;

Destruction de l'ordre social ;

Anéantissement des monarchies ;

Ni Eglises catholiques, ni Eglises réformées, ni temples protestants ;

Fondation de républiques matérialistes, licencieuses, anarchiques ; proclamation de la religion philosophique ;

Et, enfin :

Dictature des pharisiens, des philosophes,

L'insurrection, disons-nous, reconnaissant son impuissance, et la nécessité de voiler ses prétentions subversives de l'ordre divin, moral, de l'ordre social, s'est faite temporairement, hypocritement monarchiste, et a recherché l'alliance du roi Victor-Emmanuel et du despotisme anglican.

Le despotisme religieux, représenté par l'Angleterre, missionnaire, conquérant et envahisseur, comme autrefois l'islamisme, avec le caractère particulier qui distingue cette nation, caractère que chacun peut étudier dans la longue trace de sang qu'elle a laissé sur les mers et sur les états du globe, le despotisme anglican sachant bien lui, que d'une part, la destruction du pouvoir temporel de la papauté renferme implicitement la destruction de l'autorité spirituelle; d'autre part, que livrer le terrain sur lequel la monarchie et l'insurrection doivent inévitablement entrer en lutte, c'est se donner le moyen d'envahir une partie de l'Italie, soit la Sicile, sous le prétexte de venir au secours de l'un ou l'autre des partis ; d'autre part, enfin, que ces faits, si la France les laissait s'accomplir, en retirant ses troupes de Rome, mettrait la France dans une situation critique d'où elle ne pourrait sortir sans provoquer une guerre générale dont l'Angleterre ferait son profit, a accepté l'alliance des Piémontais et de l'insurrection.

En effet, la lutte ouverte entre la monarchie du roi Victor-Emmanuel et l'insurrection, mettrait la France dans la nécessité de déchirer le traité de Villafranca pour pouvoir venir au secours du roi Victor-Emmanuel (car par ce traité elle s'est interdit le droit d'intervenir dans les affaires des Italiens), ou elle serait exposée à voir l'insurrection prévaloir en Italie.

En intervenant, elle provoquerait une guerre générale, et Dieu sait ce qui sortirait de cette guerre !

En n'intervenant pas, si l'insurrection prévalait, ce serait l'insurrection mazzinienne, garibaldienne, aspirant à généraliser l'insurrection en Europe.

Dans ce cas, l'Italie serait un foyer d'insurrection d'où partiraient des expéditions garibaldiennes vers tous les états pour les révolutionner.

La France menacée à la frontière par l'insurrection italienne, à l'intérieur par l'insurrection intestine, serait tombée par sa faute dans un péril d'où elle se tirerait difficilement.

Tels sont les motifs déterminants de l'hypocrite coalition des trois prétentions ;

Tels sont les motifs déterminants de l'appui hypocrite des publicistes insurrectionnels français donné au gouvernement du roi Victor-Emmanuel ;

Tels sont les motifs des attaques violentes, inconvenantes, désordonnées contre la papauté, par les publicistes insurrectionnels français, par les publicistes monarchistes ou insurrectionnels italiens, par les publicistes protestants anglicans ;

Tels sont les motifs qui ont fait apparaître des publicistes qui ne sont d'aucun genre connu, pour lesquels il faudrait créer un genre qualificatif; publicistes incolores, évolutionnaires par circonstance, jouant le rôle de parlementaires serviles entre les monarchies et l'insurrection.

Il y a dans les causes déterminantes de cette coalition, ainsi dévoilées, un enseignement qui doit faire repousser avec mépris toute tentative de l'insurrection de faire entrer le gouvernement français dans cette voie de conflagration, de destruction, qu'ouvrirait le rappel de l'armée française de Rome.

Il y a un enseignement qui devrait faire réfléchir le roi Victor-Emmanuel et le parti monarchiste en Italie, sur les conséquences de leur entraînement, qui devrait leur faire éviter d'aller plus loin dans cette voie fatale.

Un secret instinct et des faits caractéristiques qui se produisent de temps en temps en Italie, avertissent bien le roi Victor-Emmanuel qu'il y a dans l'appui de l'insurrection et du despotisme religieux anglican, quelque chose de faux et de dangereux pour sa dynastie; mais d'une part ses passions ambitieuses le poussent dans la voie où il est entré, d'autre part, il a l'espoir d'être assez fort, lorsqu'il aura atteint son but, pour contenir et maîtriser l'insurrection, pour repousser les prétentions envahissantes de l'Angleterre.

D'autre part, enfin, il compte sur l'appui de la France, sur la nécessité où sera forcément la France de venir à son secours.

Le roi Victor-Emmanuel s'avance dans cette voie sans prévoir la guerre générale que le despotisme anglican d'un côté fomenterait, que l'atteinte portée au catholicisme, l'atteinte portée à l'autonomie des peuples d'Italie et l'intervention forcée de la France dans les affaires des Italiens créeraient d'un autre côté, si le fait de dépossession du pouvoir temporel de la papauté avait lieu, sans prévoir que le gouvernement français mu par une politique virile, loyale, religieuse, morale, ne peut tomber comme lui dans un pareil piège, dans un pareil guet-à-pens préparé par l'insurrection matérialiste, par le philosophisme, par l'astucieuse Angleterre, par le despotisme schismatique.

La France catholique, la catholicité ont proclamé Napoléon III l'homme de la Providence, la personnification de l'autorité sociale marchant en tête dans la voie de Dieu; le défenseur de l'ordre spirituel, de l'ordre social; et la France, la catholicité attendent la solution de ces questions, pour juger si Napoléon III faillira ou non dans la grande mission que lui a confiée la Providence. Il lui a été beaucoup donné, il lui sera beaucoup demandé; il rendra à Dieu et à la postérité un compte sévère de sa conduite; on lui demandera si dans ses actes il a respecté les véritables principes d'autorité légitime, légalité religieuse, légalité sociale, devoirs religieux, moraux, sociaux, justice, publicité, liberté dans les limites de la loi de Dieu, véritables devoirs et droits de l'homme.

FIN.